RÉPONSE

DE

M. V. CLAIR

EX-ARCHITECTE DU DÉPARTEMENT DE LA VENDÉE

AUX ACCUSATIONS

DE

M. ALBERT DE GIRARDIN

PRÉFET DE LA VENDÉE

NANTES

IMPRIMERIE VINCENT FOREST ET ÉMILE GRIMAUD

PLACE DU COMMERCE, 4

—

1879

A Messieurs les Membres du Conseil général de la Vendée

MESSIEURS,

Lorsqu'à la fin de votre dernière session, M. le Préfet de la Vendée vous demanda de fixer les conditions dans lesquelles l'architecte du département pouvait être remplacé, vous avez manifesté le vœu que cette éventualité fût éloignée pour moi. Le 28 août 1878, M. Sabouraud, président de la Commission des finances, s'exprimait ainsi :

« Le Conseil général n'a pas encore répondu aux prescriptions de la loi de
« 1871 qui lui donnent le droit, et je pourrais ajouter, lui imposent le devoir
« d'établir les conditions dans lesquelles seront nommés les agents payés ex-
« clusivement sur les fonds du département.

« *Le Conseil général ne peut s'arrêter un instant à la pensée que cet appel*
« *puisse viser directement ou indirectement la situation de l'honorable fonction-*
« *naire qui est aujourd'hui titulaire du poste en question. Les témoignages de*
« *sympathie dont il est entouré et qui ont trouvé tout récemment un écho dans le*
« *sein du Conseil, ne peuvent lui permettre un doute à cet égard.* »

« Rien donc ne s'oppose à ce que le Conseil général réponde à l'appel de
« M. le Préfet et ne remplisse, en ce qui regarde les fonctions d'architecte
« départemental, une partie de la tâche qu'il est disposé à remplir aussi pour
« les autres fonctionnaires dans la même situation, et dont il s'est acquitté déjà
« à l'égard des agents-voyers du département. »

Et cette partie du rapport était approuvée à l'unanimité par votre assemblée.

Vous savez le cas que M. de Girardin a fait du désir que vous formuliez en des termes si précieux pour moi.

Le 14 septembre 1878, j'étais révoqué par un arrêté préfectoral, c'est-à-dire par un acte émanant de la volonté d'un seul homme, des fonctions que j'occupais depuis vingt-trois ans et qui m'avaient été dévolues à la suite d'un concours public.

Vous connaissez, Messieurs, les considérants de cet arrêté inséré dans le recueil des actes administratifs de la Vendée : ils sont empreints d'une violence qui n'a échappé à personne et reflètent une irritation que votre attitude dans le cours de la session, surtout les votes émis à mon endroit, semblent avoir encore augmentée.

Cette mesure ne devait pas cependant suffire à apaiser la rancune de mon ancien chef ; il y a quelques jours, il obtenait que je sois relevé de mes fonctions d'architecte du dépôt d'étalons de la Roche, alors que les travaux étaient à peu près terminés, qu'ils n'avaient donné lieu qu'aux éloges des inspecteurs chargés de les surveiller, qu'ils étaient enfin absolument étrangers à son administration.

Aujourd'hui, non content d'avoir brisé ma carrière, de me priver au moment où j'allais bientôt l'atteindre, de mes droits à la retraite, pour laquelle des retenues sont faites depuis 23 ans sur mon traitement, il essaye, dans le rapport qu'il vous adresse, sous prétexte de justifier la mesure prise à mon égard et qui m'a attiré des marques de sympathie des honnêtes gens de tous les partis, de porter atteinte à mon honorabilité.

C'est à cela que je veux répondre.

Mais avant d'examiner et de discuter les parties techniques de ce rapport, qui en définitive ne prouve rien, puisqu'il est basé sur des chiffres dont je conteste l'exactitude et que moi partie intéressée je n'ai jamais été admis à contrôler, il me semble utile de faire l'historique de cette affaire.

*
* *

M. de Girardin, qui critique ma gestion de 1877, n'est arrivé à la Roche-sur-Yon qu'à la fin de décembre 1877, c'est-à-dire à l'époque de la clôture légale de l'exercice. Il n'est pas sans intérêt, dès lors, de remarquer que tous les travaux sur lesquels portent ses observations avaient été ordonnés par M. Saisset-Schneider et M. le marquis de Fournès, ses prédécesseurs. D'autorisée personnellement par lui il n'existe que l'acquisition à la fin de mars, c'est-à-dire après la clôture de l'exercice, d'une pendule et d'une jardinière pour la Sous-Préfecture des Sables, acquisition pour laquelle il a fallu avoir recours à la complaisance des fournisseurs pour en solder partie avec les fonds de cet exercice.

C'est à la réception officielle du 1er janvier que je lui fus présenté ; il me tendit la main en présence de son Conseil de Préfecture en me disant : « Nous nous connaissons « déjà ; vous n'aurez pas à vous plaindre de votre nouveau « préfet! » — Les événements ne me semblent guère en harmonie avec cette promesse ; il est vrai qu'il existe quelquefois de ces rapprochements singuliers. Ainsi le jour même où M. le Préfet déposait au conseil général sa demande de concours, où ma révocation était pour tous un fait acquis, je recevais une invitation à la soirée qu'il donnait à l'occasion de votre assemblée!

En février, M. de Girardin me fit appeler à la Préfecture; les emblèmes qui décorent la salle du conseil général le gênaient. Il me demanda de les enlever. J'objectai que je n'avais pas de crédit mis à ma disposition pour cet objet ; que le conseil général pourrait trouver mauvais que, sans le consulter, on exécutât cette transformation qui, en somme, était coûteuse.

Il paraît que mes objections étaient naïves ou bien depuis des fonds spéciaux ont été affectés à ce travail, car on m'a affirmé que les aigles ont disparu de la préfecture et que d'épaisses couches de peinture couvrent dans d'autres édifices les parties de la décoration qui caractérisaient leur origine.

Quoi qu'il en soit, c'est de ce moment que date ma condamnation. Décidée en principe, il ne fallait plus que trouver un prétexte. Cela ne fut pas long.

Le chef de la 2e division de la préfecture, qui connaissait les méthodes adoptées pour mettre les mémoires en harmonie avec les crédits, et qui maintes fois a profité de cette combinaison pour faire arranger ses bureaux ou payer sur je ne sais quels crédits les meubles ou les cartons qui lui étaient nécessaires, me fit réclamer les mémoires de fin d'exercice dans un délai excessivement restreint et impliquant que leur rédaction n'était qu'une simple formalité.

Depuis, j'ai vu l'usage qu'on voulait en faire.

Les mémoires rédigés par l'un de mes employés sont remis ; — immédiatement on les expédie à Fontenay et aux Sables avec ordre aux sous-préfets de les contrôler avec les ouvriers, auxquels on recommande formellement de n'en point avertir l'architecte.

A la Roche-sur-Yon, c'est le chef de la 2e division qui est chargé de cette mission de confiance, tout au moins pour l'hôpital général, en collaboration avec l'économe de cet établissement. — Aux autres édifices de la Roche, même opération ; j'ignore toutefois par qui il y fut procédé, mais ce que je puis affirmer, c'est que, le 18 mars, le préfet lui-même se transporta à l'hôpital, et, avec ces deux employés, procéda à des vérifications.

Il semblait rationnel que, chef de service des édifices départementaux, je fusse invité à assister à ces opérations. On s'est bien gardé de le faire ; on ne voulait pas de contradiction, ni surtout d'explications qui, en apportant la lumière, eussent permis de rectifier, il en était encore temps, non pas au point de vue de leur importance, mais au point de vue de leur forme, les mémoires que j'avais remis.

Le 3 avril seulement, lorsque l'exercice fut régulièrement clos, lorsqu'on ne pouvait plus rien modifier, le préfet m'adressa une longue lettre contenant une demande d'explications impossibles à donner par correspondance et qui se terminait ainsi :

« .... Ce sont là, monsieur l'architecte, les seules vérifications qui aient été
« opérées ; mais elles suffisent pour apprécier l'exactitude des mémoires que
« vous avez soumis à mon approbation. J'ai la certitude maintenant que ces
« mémoires sont considérablement exagérés ; que les travaux des bâtiments
« départementaux ne sont pas surveillés, et qu'au lieu de vérifier les comptes
« des entrepreneurs, vous les acceptez tels qu'ils vous sont remis. Cette vérifi-
« cation est d'ailleurs impossible, puisqu'il n'existe pas de carnets d'attache-
« ment.... »

Ma révocation était dès lors arrêtée. — Un instant il me semble qu'on espéra que je donnerais ma démission. C'est là le but que me paraît viser l'arrêté préfectoral du 12 mars 1878 sur le service des bâtiments départementaux, qui d'une part augmente les charges de l'architecte, tout en diminuant ses appointements ; mais comme je ne m'exécutais pas, on m'exécuta.

Le 29 mars, je recevais la lettre suivante :

« Monsieur l'architecte,
« J'ai décidé que jusqu'à nouvel ordre aucun travail, de quelque nature qu'il
« soit, ne sera exécuté aux bâtiments départementaux. Je vous prie d'en donner
« immédiatement avis aux entrepreneurs et de faire suspendre les travaux qui

« seraient commencés ; je désire que vous me rendiez compte sans retard des
« mesures que vous aurez prises pour assurer l'exécution de ma décision.

    « Veuillez agréer, etc.

        « *Signé :* ALBERT DE GIRARDIN. »

C'était là une révocation de fait. J'ai dû, messieurs, en présence de cet ordre impératif arrêter tous les travaux, et si je n'avais pris sur moi de veiller à l'entretien des bâtiments départementaux dans leurs besoins les plus urgents, vous auriez eu à déplorer des dégradations bien plus importantes que celles du tribunal des Sables-d'Olonne, sur le compte desquelles j'aurai du reste à vous fournir une explication.

Il ne fut fait qu'une seule exception, en faveur du sous-préfet des Sables, à la disposition duquel je fus invité, le 22 mai, à mettre l'entrepreneur Gaborit de la façon la plus absolue, bien que les crédits fussent déjà fortement ébréchés. Depuis, j'ai pu constater que, le 1er juillet, au milieu de l'exercice, ceux relatifs à l'entretien étaient déjà dépassés de 246 fr.... Je serais curieux de savoir comment cette situation a été réglée autrement que par un virement.

Je transcris ici cet ordre de service, parce que du 29 mars au 14 septembre, jour de ma révocation, c'est la seule correspondance que j'aie reçue de la préfecture à l'occasion des travaux :

    ...« Je vous prie en conséquence d'inviter immédiatement l'entrepreneur le
« sieur Gaborit à se mettre à la disposition de M. le sous-préfet, qui lui indiquera
« les points où les travaux demandés doivent s'effectuer.

    « Je désire que vous me fassiez connaitre, sans retard, les mesures que vous
« aurez prises pour assurer l'exécution de la présente dépêche.

    « Agréez, Monsieur, etc.

        « *Signé :* ALBERT DE GIRARDIN. »

De son côté, M. de Girardin qui arrêtait les travaux dans les autres édifices départementaux ne se gênait pas pour faire installer, dans l'orangerie de la Préfecture, un salon d'été, où, je l'ai déjà dit et je le répète, il a été dépensé une somme assez importante , alors qu'aucuns fonds n'avaient été accordés par vous pour cette installation de pur caprice.

Le *Libéral de la Vendée*, heureux de se faire en cette circonstance le champion de la Préfecture, a discuté ce mot d'*orangerie,* le trouvant impropre, *car il n'y a pas,* dit-il, *d'orangers* à la préfecture. Que font les mots si la chose existe? C'est absolument comme si parce que M. le Préfet actuel n'a ni chevaux, ni voitures, on ne devrait plus désigner sous le nom d'écuries ou de remises de l'hôtel de la préfecture, les locaux que ses prédécesseurs faisaient occuper par leurs équipages.

Entre autres dispositions, l'arrêté du 12 mars 1878, auquel j'ai fait allusion il n'y a qu'un instant, contient la disposition suivante :

« L'architecte départemental doit, à l'époque de la tournée de révision, se « trouver, lors du passage du préfet, dans la ville où il existe des bâtiments dé- « partementaux. »

Je tiens à établir qu'aux jours indiqués pour les conseils de révision de Fontenay et des Sables d'Olonne je me suis transporté dans ces chefs-lieux d'arrondissement, et que le préfet, à la disposition duquel je me mettais, ne daigna pas me recevoir.

C'était un parti pris d'éviter avec moi toute entrevue qui aurait pu amener une explication ; je n'étais cependant pas complètement banni des pensées de l'administrateur du département, car c'est au cours de cette tournée de révision, *le 27 avril,* que M. de Girardin, prophétisant ma disgrâce, s'exprimait en ces termes:

« *Encore un que je ferai sauter avant qu'il soit long-* « *temps.* »

Je vous demande pardon, Messieurs, de vous entretenir de ces détails, mais ils ont leur importance, car à cette époque, mes comptes n'étaient pas encore vérifiés. — Mais on m'a assuré que ma place était déjà promise.

Sur ces entrefaites, vous vous réunîtes pour la session d'avril 1878. A la suite du rapport du préfet, vous aviez décidé de m'entendre à la Commission des finances, présidée par l'honorable M. Sabouraud, qui voulut bien m'assigner une heure à laquelle je pourrais me présenter.

Vous devez vous souvenir qu'informé de ce désir, qui contrariait peut-être ses projets, M. le Préfet vous demanda d'ajourner l'affaire à la session d'août en vous disant que mon dossier n'était pas prêt.

Une expertise devait être faite par une commission désignée par lui, et dans votre pensée, ainsi que dans la mienne, il était sous-entendu évidemment que moi, partie intéressée, j'y assisterais.

Cette commission était composée, à la Roche, aux Sables et à Fontenay, de deux conseillers généraux par chaque arrondissement ; je note en passant que plusieurs refusèrent d'en faire partie dans les conditions où elle prétendait fonctionner.

Les deux membres actifs chargés évidemment du mesurage et des comptes étaient :

M. Charrier, architecte à Fontenay ;

M. Prévoteau, agent-voyer en chef.

Vous savez, Messieurs, comment l'honorable M. Morin d'Yvonnière a apprécié la position du premier dans la séance du mois d'août dernier. Quant au second, c'est un agent direct du préfet, qui peut le nommer ou le révoquer sans aucun contrôle.

A vous d'apprécier si une telle vérification pouvait présenter des conditions indiscutables de désintéressement et de liberté !

Parmi les conseillers, l'un d'eux, M. Périer, en raison de prétendues alliances de famille, m'avait spontanément offert de me prévenir du jour où la commission opérerait. De salutaires réflexions ont dû modifier ses intentions, car c'est par hasard que j'appris que la vérification de mes travaux était commencée.

J'arrivais de Paris, où j'avais été appelé pour travaux du dépôt d'étalons ; la Commission fonctionnait depuis la veille ; le 14 mai, j'écrivis à M. le Préfet :

La Roche, le 14 mai 1878.

« Monsieur le Préfet,

« Le 3 avril dernier, vous m'avez fait l'honneur de m'écrire pour me signaler
« certaines erreurs qu'une vérification à laquelle je n'avais point été appelé à
« assister aurait fait reconnaître, dans les mémoires fournis pour les dépenses
« effectuées aux bâtiments départementaux.

« Par une lettre en date du 6 avril, je m'empressais de vous faire connaître
« que ces erreurs ou irrégularités pouvaient provenir d'un classement défec-
« tueux, et que le court espace de temps accordé pour fournir ces mémoires
« expliquait matériellement, et je vous priais de vouloir bien me les retourner,
« de façon que je puisse les faire rectifier.

« Depuis lors, à la dernière session du Conseil général, j'ai été prévenu offi-
« cieusement qu'une commission serait appelée, à une époque qui n'était point
« déterminée, à les vérifier.

« Persuadé que cette commission aurait pour première préoccupation celle
« de me faire appeler, afin de fournir les indications indispensables sur la façon
« dont ces mémoires sont présentés, j'avais rassemblé un certain nombre de
« documents de nature à faciliter ce travail, notamment les diverses notes d'ou-
« vriers et fournisseurs qui, ayant servi de base à la confection des mémoires,
« pouvaient seules, à mon avis, servir de base à une vérification sérieuse et
« rationnelle, et j'attendais d'être prévenu de la réunion de cette commission
« pour lui remettre ces divers documents.

« Or, j'apprends seulement ce matin que, depuis hier, une commission fonc-
« tionne en dehors de tous renseignements de ma part, sans que j'aie reçu le
« moindre avis, probablement à l'effet de rectifier ces mémoires que je vous
« demandais de m'envoyer pour les rectifier moi-même, s'il y avait lieu, et
« sans que je puisse expliquer quels sont, en définitive, les travaux que j'ai fait
« exécuter.

« Il m'a semblé, Monsieur le Préfet, qu'il convenait de vous signaler cette situa-
« tion qui, en se continuant, compromet non seulement mes intérêts, mais encore
« ceux du département, la vérification projetée ne pouvant, en l'absence de mes
« explications, être complète et définitive.

« Veuillez agréer, etc.

« *Signé :* V. CLAIR. »

Cette lettre est restée, comme bien d'autres, sans réponse ; et je ne sais même pas quels jours la Commission s'est transportée aux Sables ou à Fontenay, ni quelle fut sa composition dans ces deux localités.

Tout ce que je puis dire, c'est qu'elle semble avoir opéré assez irrégulièrement, si je m'en rapporte à la déclaration de l'honorable M. de la Pouzaire.

Aussi quand il faut signer le procès-verbal il hésite : « *Je n'insistai pas*, dit-il (procès-verbal de la séance du « 23 août), *me souvenant de ce qui m'avait été dit par* « *mes collègues, à savoir que l'honorabilité de M. l'Archi-* « *tecte départemental n'avait rien à craindre. Aujour-* « *d'hui je regrette de n'avoir pas fait insérer mes obser-* « *vations.* »

Le 27 mai 1878, je reçus cependant la lettre suivante :

« Monsieur l'architecte,

« J'ai l'honneur de vous prier de vouloir bien vous rendre mercredi, 29 mai, « à trois heures de l'après-midi, à la préfecture, auprès de la commission « chargée de la vérification des travaux exécutés en 1877 et pendant le 1er tri- « mestre 1878, aux bâtiments départementaux.

« Agréez, etc.

« *Signé* : BOUILLÉ. »

Je n'eus garde de manquer au rendez-vous. La commission n'était pas au complet : on avait, paraît-il, oublié de convoquer M. de la Pouzaire en temps utile.

On me fit subir une espèce d'interrogatoire, puis on me remit une note assez insignifiante, demandant des renseignements sur une douzaine d'articles, et l'on me congédia. J'ai conservé cette note, je vous la communiquerai, s'il est utile ; je crois plus opportun de transcrire la réponse que j'y ai faite le 3 juin 1878 :

« Monsieur le président,

« J'ai l'honneur de vous retourner la note d'observations que la commission « a bien voulu me remettre mercredi dernier, relativement aux comptes de « l'exercice 1877.

« Ainsi que la commission l'a déjà compris, les renseignements que je lui ai
« fournis verbalement répondent à la majeure partie de ces observations et
« expliquent les différences signalées entre les mémoires sur timbre et les notes
« des ouvriers. — Voici quelques remarques destinées à les compléter. En ce
« qui concerne la peinture de la salle à manger du directeur de l'hôpital, un
« travail a été fait, il n'y a qu'une question de mots ; le mémoire Bouet com-
« prend en effet divers articles, lessivage des anciennes peintures, vernissage,
« raccords de faux bois, embrasures, etc.

« La main courante de l'escalier de service de la préfecture ne figure au
« mémoire Gouas que pour 10 mètres, au prix de 6 fr.

« Quant aux chiffres indiqués dans la note d'observation ci-jointe, ils pré-
« sentent eux-mêmes des différences avec la réalité.

« Ainsi la Commission trouverait pour le plancher du jardinier de l'hôpital
« 8 ™ 75 ; il mesure réellement 8 ™ 90.

« Les plafonds des bureaux de la préfecture présentent une surface de 39 ™ 16
« et non 37 ™ 90, comme l'indique la note.

« Le rejointoiement du cordon du tribunal fait 7 ™ 22 et non 6 ™ 90.

« Ces chiffres sont le résultat d'une contre-vérification très-minutieuse à la-
« quelle je viens de me livrer et qu'il était facile d'éviter, si dès le principe
« j'avais été appelé, comme je le demandais et comme cela me semblait ration-
« nel, à assister aux vérifications que la Commission fait faire, et qui ne pour-
« ront être définitives, tant que d'une part on ne prendra pas pour base les
« mémoires détaillés des ouvriers, et que d'un autre côté, les divers mesurages
« seront faits en dehors de ma participation et des explications que je pourrais
« fournir sur la façon dont les travaux ont été commandés et exécutés.

« J'ai l'honneur d'être, etc.

« *Signé*: V. CLAIR. »

Voilà tout ce que je connais de la fameuse vérification
effectuée par la commission d'enquête, vérification qui sert
de base à l'arrêté qui me révoque ; quant aux termes de la
lettre que je viens de vous soumettre, ils sont assez nets
pour démontrer que M. Périer n'a pas dû être trop surpris
des protestations de ses collègues, lorsqu'à la séance du
23 août il disait :

« Je crois que la vérification des travaux a été faite dans des conditions telles
« que M. l'architecte n'a pas à se plaindre, en présence des entrepreneurs. Du
« reste, il ne conteste pas la conclusion de la Commission qui a été appelée à
« cette constatation.

— « A la fin de cette vérification, la Commission a remis le résultat de son
« travail à M. l'architecte pour qu'il puisse en vérifier l'exactitude, lui offrant
« une contre-expertise en sa présence. »

Depuis ma lettre du 3 juin, je n'entends plus parler de rien. Je semble ne plus exister pour le département, et c'est à ma simple initiative qu'est dû le rapport qui vous a été soumis à la session d'août.

Les événements de cette session sont trop importants pour que je ne les rappelle pas ; je le ferai cependant brièvement, car vous en avez certainement conservé fidèlement le souvenir.

C'est d'abord le rapport de M. Brillaud, qui précise si bien les faits que je ne puis me dispenser d'en reproduire le texte :

« Nous n'avons pas trouvé au compte des dépenses les sommes votées pour l'entretien et les grosses réparations des bâtiments départementaux. Ces dépenses n'ont pas été mandatées, et M. le Préfet nous a signalé dans son rapport quelques irrégularités au compte de l'architecte départemental ; il nous a communiqué même les procès-verbaux d'une enquête qu'il a faite à cet égard.

Il nous a paru, Messieurs, que par cette communication qu'il déclarait purement officieuse et qui provoquait cependant une appréciation de notre part, M. le Préfet voulait associer le Conseil à la responsabilité des mesures qui pouvaient en résulter.

Dans ces conditions, l'obligation s'imposait à la Commission de n'énoncer « qu'en connaissance de cause un jugement qui pouvait atteindre un fonction- « naire entouré de l'estime publique ; elle a donc pensé que son premier « devoir était d'entendre dans ses explications celui-là même qui était attaqué.

A notre grand étonnement, « M. le Préfet s'y est absolument opposé ; devant « ce refus, la majorité de votre Commission a regardé comme un acte de con- « venance et de justice à la fois de ne pas se prononcer, et de laisser en cette « affaire à M. le Préfet, *qui l'assume,* toute la responsabilité. »

Puis vient la discussion et le vote qui la clot, et qui d'avance proteste contre la mesure qui, on ne le sent que trop, va me frapper.

Vous parlerai-je des incidents qui se produisirent pour la réglementation du concours et de l'énergie que vous avez mise à maintenir, malgré les protestations du Préfet, des conditions qui évinçaient le successeur qu'on désirait si ardemment me substituer ?

Arrivons au 14 septembre 1878, c'est-à-dire à l'arrêté qui brise officiellement ma position.

Je n'ai plus à en reprendre les termes ; vous connaissez la réponse que j'y ai faite, et qui est, comme tous mes autres actes, une protestation contre cette façon de m'exécuter sans avoir voulu m'entendre ; je ne veux en dégager qu'un point : il est basé sur les irrégularités constatées dans mes comptes par la commission d'enquête. — Or, voyez ce qui se passe.

On me désigne un successeur par intérim en attendant le concours ; c'est naturellement M. l'agent-voyer en chef Prévoteau qui est chargé du service.

Vous pourriez vous figurer que ce fonctionnaire va prendre, pour régler les mémoires des ouvriers, les constatations de la commission d'enquête, qui doivent être bien précises puisqu'elles ont motivé ma révocation. Veuillez vous détromper, l'architecte intérimaire en dressera de nouveaux qui serviront de base à la délivrance des mandats, et plus tard aux calculs qu'on vous soumet aujourd'hui !

Vous comprenez, Messieurs, qu'il m'est difficile de suivre cette nouvelle phase, mon successeur ayant pris le service sans me faire l'honneur de procéder au moindre inventaire, au moindre récollement, méthode d'opérer cependant tellement naturelle qu'au dépôt d'étalons j'ai conservé la direction du chantier jusqu'au jour où un inspecteur des travaux publics est venu présider à l'accomplissement de cette formalité entre moi et M. Loquet, qui m'a été substitué à cet établissement.

Aussi j'ignore de la façon la plus formelle comment les règlements ont été faits avec les ouvriers ; ce qu'on m'en a dit me porte à penser qu'ils ont dû varier en raison des tempéraments des gens et de leur situation. Les uns ont accepté des réductions, sans même se rendre compte sur quels travaux elles portaient. D'autres ont au contraire maintenu leurs prétentions et on a fini par leur accorder beaucoup plus que ne l'avait fait la commission d'enquête, parfois beaucoup plus que je ne leur avais accordé moi-même...

Quel que soit le mode employé, il va sans dire que, faits sans ma participation, ces règlements ne me lient pas et qu'il faudra bien qu'à un moment donné ils soient soumis à mon contrôle et finalement à une expertise contradictoire. Ce moment ne saurait être éloigné, car pour compléter cet exposé, je dois vous indiquer que le 15 avril 1879, j'ai saisi le Conseil de préfecture d'une demande tendant au paiement des honoraires qui me sont dus et qui inévitablement amènera cette contradiction que j'ai si souvent demandée et qu'on m'a toujours refusée.

Voici au surplus le texte du mémoire dont s'agit :

A MM. les Président et Membres du Conseil de Préfecture du département de la Vendée.

A l'honneur d'exposer :

M. Victor Clair, architecte à la Roche-sur-Yon, qu'il a été révoqué, par un arrêté préfectoral en date du 14 septembre 1878, des fonctions d'architecte du département de la Vendée, qu'il occupait depuis 23 ans à la suite d'un concours public.

Il n'a point l'intention de discuter devant le Conseil de Préfecture les motifs qu'on a donnés à cette mesure, ni de lui soumettre quant à présent les réclamations qu'il se réserve de formuler à cet égard ; il se borne par ce mémoire à le saisir d'une demande qu'il entend former contre le département de la Vendée, au sujet des honoraires qui lui sont dus pour les travaux qu'il a exécutés et qui à l'heure actuelle, malgré la clôture des exercices 1877 et 1878, ne lui sont pas encore payés.

Les travaux départementaux exécutés jusqu'au 14 septembre 1878 s'élèvent d'après les arrêtés de compte dressés par le soussigné, savoir :

Travaux neufs et de grosses réparations.....	49.081 31
Travaux d'entretien.....................	20.915 90
Mobilier...........................	10.535 96

Ce qui donne comme honoraires :

Travaux neufs de grosses réparations, à 5 °/₀.....	2.454 06
Entretien. 1 °/₀...........................	209 16
Mobilier...........................	105 35
Total.....................	2.768 57

Sur lesquels M. Clair n'a touché que..............		927 05
Savoir : *Pour les travaux de l'École normale.........*	243 87	
Acompte sur les aliénés.................	675 »	
Un mandat sur le Tribunal...............	8 18	
Il lui reste dû par conséquent....................		1.841 52

Il est juste d'indiquer qu'il lui a été délivré cinq mandats, mais qu'il n'a pas cru devoir les toucher, par les motifs qui vont être déduits :

1° Le 21 septembre 1878, mandat de 49' 15 pour installation du service d'eau dans les bâtiments départementaux des Sables-d'Olonne, exercice 1878 ;

2° Le 19 novembre 1878, mandat de 33' 53 pour honoraires à 1 °/. sur les travaux de grosses réparations effectués au tribunal de la Roche-sur-Yon, en 1877 ;

3° Le 19 novembre 1878, mandat de 117' 08 pour honoraires à 1 °/. sur travaux de grosses réparations à l'hôpital de la Roche-sur-Yon, en 1877 ;

4° Le 1er février 1879, mandat de 166 fr., honoraires sur les travaux exécutés en 1877 pour l'agrandissement de la salle des archives de la sous-préfecture de Fontenay-le-Comte ;

5° Le 1er février 1879 un mandat à valoir de 158 fr. 82 pour honoraires sur les travaux exécutés en 1877, pour l'établissement de chauffoirs à la prison de Fontenay-le-Comte.

Aucun de ces mandats, à l'exception du cinquième, qui semble indiquer que les honoraires s'élèveront en totalité à 190 fr. 85, ne contenant d'explications, il est difficile de savoir si la somme pour laquelle ils sont délivrés embrasse la totalité de ce qu'on veut accorder à l'architecte, ou s'ils sont seulement des acomptes : dans ce dernier cas, l'exposant se bornerait à réclamer la différence entre le montant de ces mandats et ce qui lui est légitimement dû ; si, au contraire, ils sont destinés à régler définitivement la situation, M. Clair les repousse de la manière la plus formelle.

Des travaux ont été exécutés sous ses ordres; il en a opéré le réglement, s'élevant à un chiffre déterminé ; l'exposant ne peut accepter que ce chiffre. Vainement viendrait-on lui dire qu'une vérification a été opérée ; que, contradictoirement avec les entrepreneurs, ces arrêtés de compte ont été modifiés ; si les ouvriers ont cru devoir transiger sur ce qui leur était légitimement dû, cela ne saurait engager les droits du soussigné : il les maintient, reconnaissant qu'en cas de difficulté une expertise peut être nécessaire. Il signale même que cette expertise est d'autant plus utile, que jusqu'à ce jour on a éludé toute contradiction de sa part, refusant de le laisser expliquer à la commission d'enquête ce qu'il avait fait, ne lui accordant même pas la faculté qu'il a maintes fois réclamée, notamment le 1er avril 1879, de prendre communication des réglements faits avec les entrepreneurs par M. l'agent-voyer en chef, chargé do son service pendant l'intervalle qui a séparé sa révocation de la nomination du nouvel architecte du département. — Le réglement des travaux devant servir de base à l'établissement du chiffre de ses honoraires, l'intéresse directement; il ne peut donc être établi que contradictoirement avec lui ; en dehors de sa participation, c'est aux termes du droit commun : *Res inter alios acta.*

2

Mais ce premier point vidé, il en est un autre sur lequel l'exposant maintient ses prétentions. L'honoraire qui est dû à l'architecte du département sur les travaux neufs de grosses réparations, doit être calculé à raison de 5 °/₀ et non de 1 °/₀, comme l'indiquent deux des mandats.

C'est un point désormais certain et que le soussigné se réserve de développer, soit dans un mémoire ampliatif, soit oralement, si une discussion s'élevait à cet égard, que depuis 1868, sur les observations qui lui furent faites, le Conseil général a décidé que l'architecte départemental avait le droit de réclamer des honoraires de 5 °/₀, toutes les fois que les travaux exigeaient des devis et des plans. Et c'est également sur ces bases que depuis dix ans les comptes ont été réglés, les devis ayant du reste stipulé cet honoraire et cette prétention ayant été ratifiée par le Conseil général dans le vote des budgets.

En conséquence le soussigné a l'honneur de conclure à ce qu'il vous plaise :

Par ces motifs et tous autres à déduire ultérieurement ou verbalement lors de l'audience,

Condamner le département de la Vendée à payer à l'exposant la somme principale de 1841 fr. 52 c. pour les causes sus-énoncées, aux intérêts de droit et aux dépens subsidiairement, et dans le cas où les chiffres énoncés par M. Clair seraient contestés, dire que par un ou trois experts les comptes afférents aux exercices 1877 et 1878 seront vérifiés contradictoirement avec lui sous la réserve expresse de tous autres droits, dus ou actions à faire valoir ultérieurement, notamment de réclamer le prix des plans et devis rédigés pour le département, lesquels ont été approuvés ou étaient susceptibles de l'être.

Roche-sur-Yon, le 10 avril 1879.

V. CLAIR.

Je pourrais, maintenant que les faits vous sont connus, passer à la discussion des deux accusations principales contenues dans le rapport qui vous est remis; il me faut cependant au préalable en écarter une qui cherche à atteindre ma capacité professionnelle. Parlant de la reconstruction projetée du tribunal des Sables, M. le Préfet indique que le sentiment de l'architecte qui m'a succédé à l'égard de lézardes constatées dans le bâtiment, est qu'un chaînage mis à propos eût pu prolonger la durée de l'édifice.

J'ai le regret de ne pas partager l'opinion de mon successeur, et bien des personnes, sans être architectes, comprendront qu'un chaînage peut empêcher un effort latéral et non l'effort vertical occasionné par un vice de fondations; mais admettons qu'il puisse y avoir discussion à cet égard, tout le monde ne s'accordera-t-il pas à reconnaître qu'il y a quelque charité, sinon quelque prudence, à ne pas être le premier, quand on débute dans une carrière, à lancer la pierre au confrère qu'on remplace ?

*
* *

Pour justifier que les intérêts du département avaient
été gravement compromis par ma gestion en 1877, M. le
Préfet établit un parallèle entre le chiffre des travaux que
j'ai mandatés et celui que M. l'Agent-Voyer en chef aurait
constaté contradictoirement avec les entrepreneurs. Et,
après avoir essayé d'établir que l'écart entre eux pourrait,
d'après certaines hypothèses, qu'il n'a pas, du reste, essayé
d'expliquer ni de soutenir, tant le bon sens et la logique y
répugnaient, s'élever à 4,023 fr. 30, il arrive comme dernière
conclusion à prétendre qu'il existe entre eux une différence
de 1,938 fr. 41, et il demande d'où elle provient.

J'essaierai de lui répondre.

Je dois tout d'abord faire remarquer que le système
adopté vis-à-vis de moi et qui a consisté, non seulement à
me refuser le droit d'assister aux opérations de la commission d'enquête, mais même celui de prendre connaissance
des vérifications opérées par M. Prévoteau, malgré la
demande formelle que j'en avais faite, notamment le
1er avril dernier, ne me laisse guère la possibilité de
discuter les chiffres mis en avant, avec toute la précision
que je désirerais. D'autre part, je réclame judiciairement
l'expertise contradictoire qu'on a toujours voulu éluder
et qui seule peut donner des résultats qui me soient oppo-
sables.

Il m'est cependant facile de démontrer l'erreur manifeste,
je ne veux pas dire volontaire, qui préside à leur établissement.

Ce qui frappe l'esprit de celui qui veut bien examiner impartialement cette situation, c'est que tous les comptes que j'ai mandatés correspondent exactement avec les sommes portées au budget; il faut en excepter toutefois celle relative aux grosses réparations de l'Hôpital, pour lequel je n'ai pas absorbé le crédit qui m'était alloué, laissant disponible de ce chef une somme de 1,614 fr. Cette remarque confirme ce que j'avais, dès le principe, annoncé : à savoir que les mémoires destinés à être annexés aux mandats avaient dus être mis en harmonie avec les crédits qui m'étaient alloués, et que leurs énonciations, vraies en principe, n'étaient pas sans avoir subi l'influence des exigences de la comptabilité. C'est là un point parfaitement connu de tous les administrateurs des départements, qui savent à merveille que je ne pouvais m'en affranchir, puisque chacun d'eux dans son service subit la même nécessité. — C'est la méthode que devra employer mon successeur; c'est celle qu'a dû suivre l'agent qui a fait mon intérim, pour régler les dépenses de la sous-préfecture des Sables ou celles relatives à la transformation de l'orangerie de la préfecture en *salon d'été*, puisque, dès le mois de juillet, les crédits étaient dépassés pour le premier de ces bâtiments et qu'aucun crédit n'était voté pour le second. Mais ce que le Préfet de la Vendée ne peut contester, c'est que, pris dans leur ensemble, les mandats que j'ai proposés représentent exactement les travaux effectués et que le département a bénéficié de toutes ces dépenses.

Pour rendre plus sensible l'écart de 1,938 fr. 41 qui, je vais le démontrer, n'est que fictif, on a singulièrement diminué l'importance des travaux qui m'étaient confiés. On néglige de parler du mobilier, qui représente 8,038 fr. 04 et des travaux des Aliénés et de l'Ecole normale, qui s'élèvent ensemble à 24,589 fr. 45 et sur lesquels les réductions, malgré tout le désir qu'on avait de les opérer, se chiffrent par 130 fr. 70, compris du reste dans la différence de 1,938 fr. 41 ci-dessus.

Ne veuillez donc pas perdre de vue que les vérifications ont porté sur 70,440 fr. 12 et non sur 37,812 fr. 53 de travaux, comme l'indique le rapport.

Le soin de ne point faire figurer les dépenses relatives au mobilier pour l'exercice 1877 a sa raison d'être quand on essaie, la seule chose que je puisse faire, puisqu'on ne me les communique pas, de se rendre compte des réductions opérées sur certains mémoires :

Ainsi vous n'apprendrez pas sans intérêt que certaines dépenses, comprises par moi au rang des dépenses d'entretien, ont été arbitrairement classées au compte du mobilier par l'agent qui a contre-vérifié mes mémoires, et que par suite le département s'est trouvé en définitive obligé de payer, sous une autre dénomination, il est vrai, les dépenses faites dans son intérêt.

Citons quelques exemples : ceux que des renseignements officieux m'ont permis de recueillir.

Par suite de la vérification de M. Prévoteau, le mémoire d'un sieur Dupont paraît fictivement réduit de . .   196 fr. 75, mais en réalité le département les lui paie en dehors de l'entreprise, à l'aide des mêmes virements qu'on me reproche si amèrement.

Un sieur Gouas consent à réduire son mémoire officiel de... 182 fr. 75 mais il touche cette somme sur des crédits particuliers.

On retranche du mémoire Marchant des portes matelassées qui figuraient à mes arrêtés de compte pour   195 fr. » sauf à les lui payer sur le crédit du mobilier.

Il en est de même pour la note de M. Bennechet (sonneries électriques)................................ 131 fr. »

On extrait du mémoire Gaborit (Sables-
d'Olonne).................................... 167 fr. 63
mais on constate l'existence de travaux pour une somme
équivalente et on en divise le paiement entre divers services.

Pour ce dernier entrepreneur, une réduction
de.. 241 fr. »
est effectuée par l'agent-voyer en chef sur les travaux de
la sous-préfecture des Sables ; Gaborit ne veut pas l'accepter ; il proteste, menace de saisir le Conseil de préfecture du jugement de sa prétention ; on lui aurait alors
promis, si son affirmation est exacte, de rétablir après
votre session cette somme à son crédit.

On m'a signalé d'autres procédés pour opérer des réductions devant aboutir à *corser* le chiffre de l'écart : ainsi à
la prison de Fontenay-le-Comte, les cloisons en briques à
plat des chauffoirs sont cotées à la série 6 fr. 50 ; dans le
mémoire révisé elles sont calculées à raison de 5 fr., ce qui
produit immédiatement une différence de..... 119 fr. »

Puis ce sont des travaux faits à la journée qui sont arbitrairement évalués au mètre lorsque ce système paraît
plus avantageux au point de vue du résultat à obtenir.

Et qu'on ne vienne pas dire que ces réductions ont été
librement consenties par les entrepreneurs ! Le fait serait-il
vrai, il démontrerait qu'ils ont abusé de ma bonne foi !
J'aime mieux admettre que pour arriver à toucher ce qui
leur est dû depuis plus d'un an, pour éviter peut-être des
disgrâces qu'on leur faisait pressentir, ils ont préféré
accepter des réductions minimes pour chacun d'eux que
d'entrer en lutte. Ceux qui ont eu le courage de résister
n'ont pas été réduits. A Fontenay par exemple, on voulut
faire subir à l'entrepreneur Moreau une réduction de
778 fr. 47. Il proteste énergiquement, et sans nouvelle vérification son compte est mandaté.

Récapitulons maintenant et voyons avec ces simples renseignements ce que devient l'écart de... 1.938ᶠ 41

Si nous en retranchons :

Dupont....................	196 75
Gouas....................	182 75
Marchant...............	195 »
Bennechet...............	131 »

Le 1/10 de l'entrepreneur sur ces sommes qui normalement devraient être comprises dans ses mémoires.. 70 55

Ce qu'on paiera à Gaborit........ 241 »

Ce qu'on a extrait de son mémoire pour le faire payer par divers....... 167 63

Les applications erronées du prix de série à la prison de Fontenay.... 119 »

1.303 68   1.303 68

Différence....... 634 73

Il ne reste plus qu'une différence de................................. 634 73

qu'il conviendrait de réduire : 1º de 121 fr., réduction apparente sur les travaux de l'École normale, mais qui en réalité n'existe pas, cette somme représentant des fournitures de papiers qu'il faut bien payer en définitive............. 121ᶠ »)
2º de................. 35 »)

156 »

Dus à un sieur Jacques Houé et que le même sentiment de bienveillance qui porte le Préfet à vous demander un crédit sur ce chef m'avait fait inscrire au compte du département.

478 73

De telle sorte qu'en adoptant les chiffres mêmes du rapport, l'écart serait de 478ᶠ 73, et si l'on rapproche cette somme de 478ᶠ 73 de celle des travaux accomplis, combien ne seraient pas tentés de clore un débat dont la morale serait celle-ci :

Pendant un an, les comptes de M. Clair ont été vérifiés et contrevérifiés par une commission d'enquête, puis par un agent-voyer, sans contradiction possible de sa part, et sur le règlement de **70.440 fr.** on releva une erreur de 478 fr. 73.

Je n'accepterais même pas cette conclusion, si flatteuse qu'elle pourrait être pour mon honorabilité, car j'ai la conviction que cet écart disparaîtra lorsque la justice à laquelle j'ai dû m'adresser aura fait procéder à cette vérification contradictoire que je demande depuis si longtemps, et dont mes adversaires craignent apparemment le contrôle, puisqu'ils ont mis tant de persistance à la refuser.

Dois-je maintenant insister sur les critiques adressées à ma gestion par M. de Girardin à l'occasion de l'affaire du mémoire Leglas-Maurice, et relever tout d'abord que l'assertion qu'il essaie si longuement de battre en brèche, émane non de moi, mais de l'un des membres de votre assemblée [1] ? Il vaut mieux répondre d'un mot.

M. Leglas-Maurice a, sur la demande du préfet, alors en exercice, envoyé à la Roche-sur-Yon un de ses employés, prendre les mesures nécessaires à l'installation d'une chambre à coucher et se concerter avec lui pour le choix des étoffes. Cette chambre a été fournie dans un délai très-court. A mesure que la livraison s'effectuait, un mandat

---

[1] *M. de la Pouzaire.* — Je crois de plus devoir vous faire connaître ces quelques détails. Une année, postérieure à 1870, il a été fait pour 7,000 fr. d'ouvrage dans une seule chambre de la préfecture, alors qu'il y avait un crédit de 3,500 fr. seulement, pour tout le bâtiment, et cela se passait sous les yeux de l'autorité d'alors. — J'ajouterai que dans les premiers mois de 1878, un bâtiment destiné à recevoir des plantes a été transformé en salon d'été. — Un crédit n'avait pas été voté pour cela. (*Procès-verbal de la séance du 23 août 1878.*)

partiel a été préparé, mais il n'a été remis à M. Leglas que lorsque la livraison totale a été accomplie. Ainsi sa facture est datée du 12 avril 1875, époque à laquelle toutes les fournitures étaient faites, et le premier mandat, cela résulte de l'extrait authentique de ses livres dont M. l'Agent-voyer en chef a reçu copie, ne lui a été remis que le 24 du même mois, c'est-à-dire postérieurement à la livraison. Et encore ce mandat, qui n'est que de 1.944 fr. 38, ne représentait-il qu'une faible partie de la facture, qui s'élève en totalité à 7.937 fr. 77.

C'est avec les économies réalisées chaque année, après avoir assuré le service du mobilier que j'avais pu arriver à faire face à cette dette qu'une volonté contre laquelle il ne m'était pas loisible de protester m'avait imposée. Pouvais-je également critiquer l'ordre qui m'était donné de confier aux ouvriers de la maison qui fournissait les meubles le soin de les installer et d'en disposer les tentures ? D'autant plus que, si l'on s'arrêtait à examiner ces détails, il résulte de la facture Leglas que, sur sa fourniture de 7.937 fr. 77, les journées figurent pour une somme de 195 fr. 30 et que les travaux qu'elles concernent ne pouvaient être faits que par des ouvriers spéciaux.

Ainsi s'évanouissent, à mesure qu'on les examine, ces reproches qu'avant même que j'aie pu les discuter on a répandus dans tout le département, dans les feuilles officielles, estimant peut-être qu'il serait aussi facile de ternir mon honorabilité que de briser ma position.

Qu'il me soit permis d'ajouter un mot, et j'en aurai fini avec la première des accusations dirigées contre moi. Après avoir admis, lors de l'examen des mémoires, que l'exercice 1876 s'était clos avec une dette de 647 fr. en faveur de l'entrepreneur Perrocheau, M. le Préfet semble mettre en doute la sincérité de cette dette, dans la seconde partie de son rapport, grâce à la modification qu'il apporte

dans la présentation des chiffres. Il ne faut cependant pas
d'équivoque : c'est 647 fr. et non 594 fr. 76 que signale la
note certifiée à laquelle il fait allusion. Quant à la façon
dont cette dette s'était produite sur les exercices précé-
dents, il est facile de la constater sans avoir recours à des
calculs fantaisistes ni surtout aux insinuations malveil-
lantes qu'on voudrait en faire découler.

Voici, du reste, la copie exacte de la note; sa simplicité
et sa clarté dispensent de tout commentaire :

DÉPARTEMENT DE LA VENDÉE

BATIMENTS DÉPARTEMENTAUX

Exercice 1876

La Roche-sur-Yon

COMPTES PERROCHEAU, ENTREPRENEUR

Le compte des sommes dues était
de ....F. 10.364 61
L'erreur produite dans le
mémoire de Bouet, peintre,
était de.................... 100 00

Reste dû réellement.... 10.264 61	10.264 61	
Sommes reçues..............	9.145 61	
Différence	1.118 70	
A recevoir par Marchant.......	523 94	
Reste dû..................	594 76	
A payer à Dainat, serrurier.....	52 25	
Total dû..............	647 01 °/₀	

La Roche-sur-Yon, le 8 mai 1877.

*
* *

La seconde accusation portée contre moi par M. le Préfet est relative à mes honoraires.

Je dois être plus sensible à un reproche de cette nature.

Ici, il n'y a pas d'erreur possible, et le préjudice qu'auraient souffert les finances du département serait pour moi un profit.

J'ai à cœur de démontrer que cette partie du rapport de M. le Préfet ne saurait résister à un examen un peu sérieux, et l'on peut s'étonner que le rédacteur qui doit avoir sous les yeux les documents que je vais simplement transcrire pour ma défense ait osé formuler un pareil grief.

M. le Préfet me reproche d'avoir indûment perçu des honoraires ; et il explique que ses recherches portant sur les années 1868 à 1876 démontrent que j'aurais touché pour honoraires sur les travaux de grosses réparations 3.919 fr. 52 quand il ne m'était dû que 814 fr. 87 soit 3.104 fr. 65 que j'aurais perçus en trop.

Cette différence provient, selon lui, de ce que, aux termes de deux délibérations du conseil général en date des 3 septembre 1855 et 30 août 1868, j'avais droit à des honoraires calculés à raison de 5 p. % sur les travaux neufs et à 1 p. % pour les travaux de grosses réparations et d'entretien et que je me serais toujours fait attribuer 5 p. % sur les travaux de grosses réparations.

M. le Préfet a cru devoir rappeler les deux délibérations du Conseil général qui servent de prétextes à son accusation, mais il passe sous silence des documents importants, émanant du même Conseil général, ayant par conséquent la même autorité ; et ces documents sont la justification la plus complète de la conduite de l'architecte qui a perçu, du Conseil qui a voté et des préfets qui ont proposé et mandaté les honoraires que l'on critique.

Le simple historique des faits va suffire :

La délibération du 3 septembre 1855 alloue à l'architecte 1 p. % pour les travaux de grosses réparations et de simple entretien et 4 p. % pour les travaux neufs. (Page 164 du procès-verbal des séances du Conseil général, année 1855).

Le Conseil général et les Préfets qui se sont succédé ont toujours donné à cette délibération une interprétation rationnelle. Toutes les fois qu'il s'agissait de réparations importantes, astreignant l'architecte à dresser un devis, tout en maintenant l'expression de *réparation,* on allouait à l'architecte 4 % d'honoraires, comme pour les travaux neufs. Et ce qu'il importe de rechercher soit dans les rapports des Préfets, soit dans les délibérations des Conseils, c'est le point suivant : Cette allocation de 4 % pour des travaux de réparations, a-t-elle été inconsciente et pour ainsi dire surprise à la bonne foi des Préfets et du Conseil ?

Les documents administratifs de l'année 1858 sont intéressants à étudier à ce point de vue.

Page 40 de son rapport, M. le Préfet s'exprime ainsi :

L'article 10 comprend un crédit de 746 fr. qui se subdivise comme suit : 680 fr. pour les honoraires de l'architecte à raison de 4 % sur les travaux crédités aux articles 1 et 2, et 66 fr. pour les honoraires du même agent, à raison de 1 % sur les travaux d'entretien crédités aux articles 3, 4, 5, 6 et 7. Ces fixations sont d'ailleurs conformes à une précédente décision du Conseil général.

C'est M. le Préfet qui le déclare, ces fixations sont conformes à une précédente décision du Conseil général.

Le procès-verbal du Conseil général, page 221 et s. va nous faire connaître quelle est la nature de ces travaux.

SOUS-CHAPITRE Ier

(§ 1er *de l'article 12 de la loi du 10 mai 1838*).

Grosses réparations des bâtiments de la préfecture, des sous-préfectures, tribunaux, prisons, casernes de gendarmerie et de l'asile départemental d'aliénés.

Art. 1er. Réparation aux bâtiments de la prison de Fontenay.

Montant du projet.....	29.562 49
L'adjudication passée le 30 novembre 1857, moyennant un rabais de 10 %, à réduit la dépense à...................	27.788 74
Il a été alloué : au budget de 1857... 5,000 f. » au budget de 1858... 9,878 72	14.878 72
Somme nécessaire pour terminer ces travaux..........	12,910 02
Alloué......................	12.000 »

Art. 2. Réparations générales du tribunal et de la cour d'assises de Napoléon-Vendée.

Les travaux qui ne sont pas encore adjugés sont évalués à 45,920 f. 13.

Alloué au présent budget............ 5,000 »

Il faut ajouter, page 225.

Art. 10. Honoraires de l'architecte sur les travaux ci-dessus................................. 746 »

Nota. *Les honoraires de l'architecte sont fixés à 4 % sur les 2 premiers articles et à 1 % sur les autres.*

En parfaite connaissance de cause, le Préfet propose et
le Conseil alloue 4 °/₀ d'honoraires pour des travaux qualifiés de grosses réparations, mais qui ont obligé l'architecte
à un devis, à un travail pour lequel la rémunération de
1 °/₀ ne serait pas raisonnable.

Le Conseil général, qui avait pris la délibération de 1855,
était assurément compétent pour l'interpréter, et si pour
donner une puérile satisfaction à M. le Préfet il fallait
admettre un désaccord apparent entre les décisions de
1855 et le tarif appliqué par le Conseil dans les divers budgets de 1858 et des années suivantes, personne n'hésiterait
à reconnaître au Préfet et au Conseil général le droit d'allouer à l'architecte du département une rémunération supérieure.

Ce qui est certain, c'est que cette question d'honoraires
a toujours été étudiée avec soin par l'administration, qui
de plus en plus a confondu avec *des constructions* ou travaux neufs à proprement parler, les améliorations ou
réparations importantes qui, pour l'architecte, comportent
autant de travail et de responsabilité.

Ainsi l'interprétation du conseil, sa volonté d'allouer 4 °/₀
pour certains travaux de réparations est formelle, et pour
tout homme de bonne foi il ne saurait y avoir de doute.
Nous devons ajouter que ces documents sont l'œuvre du
même conseil qui a délibéré en 1855. Il suffit pour s'en con-
vaincre de prendre connaissance de la liste des conseillers.

Page 264 du procès-verbal du Conseil, année 1863, nous
trouvons ce que nous pourrions extraire de plusieurs
autres procès-verbaux, l'interprétation de cette expression
travaux neufs se perpétuant dans le Conseil, qui du reste
est, à quelques exceptions près, composé des mêmes
membres.

Nous lisons en effet, comme titre du sous-chapitre XIV :

Travaux neufs (constructions ou grosses réparations)
des bâtiments départementaux.

N'est-il pas exact que, sous la dénomination de travaux neufs, le Conseil comprend certaines grosses réparations ? Les parenthèses ici ont pour but de définir par voie d'énumération le sens vrai de cette expression complexe : *Travaux neufs.*

Il est vrai qu'en étudiant le détail des réparations d'entretien, on trouverait certains travaux qui, rémunérés à raison de 1 %, pourraient être qualifiés de grosses réparations ; mais la nature simple du travail n'entraînant pour l'architecte ni devis préparatoire, ni responsabilité, ne comportait pas une rémunération supérieure.

Le Conseil, sans abandonner expressément sa délibération de 1855, use chaque année du droit qui lui appartient, et, suivant l'importance des travaux qui ne sont pas à proprement parler des constructions neuves, les classe dans la catégorie des travaux neufs ou des réparations d'entretien.

Le criterium auquel il s'attache principalement pour opérer ce classement, c'est l'existence d'un devis, lequel n'est jamais nécessaire que pour le cas où le travail offre ou une certaine importance, ou une réelle difficulté.

La preuve, nous la retrouvons dans les travaux du Conseil, année 1864.

Page 310 du procès-verbal des séances nous lisons :

Art. 8. Traitement, frais de voyage et honoraires de l'architecte du département.............. 2.483 fr. 37
« La Commission, à l'occasion de la vérification des comptes de 1863, s'est fait représenter les documents officiels qui règlent les honoraires de l'architecte du département, sans songer en quoi que ce soit à vous

demander de les modifier ; nous avons été d'avis qu'il serait préférable, s'il était possible, que l'on déterminât d'une manière plus précise chacune des catégories de travaux sur lesquels des remises proportionnelles lui sont allouées ; ainsi, il doit percevoir 4 °/₀ sur les travaux neufs, tandis qu'il ne lui est attribué que 1 °/₀ sur les travaux de grosses réparations. La distinction, souvent fort délicate établir, peut donner lieu à des difficultés d'interprétation qu'il serait désirable d'éviter.

Le Conseil rappelle ici la délibération de 1855, mais sans que la discussion qui s'engage soit rapportée, le vote qui est plus tard émis prouve qu'elle a eu lieu et nous dit bien sur quel point elle a porté.

L'architecte est entendu, rappelle que le Conseil a toujours admis que les travaux donnant lieu pour lui à la préparation d'un devis devaient être rémunérés à raison de 4 °/₀, et nous lisons page 323 :

Art. 6. Honoraires de l'architecte sur les travaux ci-dessus.................................F. 737 98

Ces 737 fr. 98 d'honoraires sont les **4 °/₀** calculés sur 18,549 fr. 46 de travaux admis par le Conseil, qui a retranché 6,000 fr. environ sur les propositions du Préfet.

Or, en quoi consiste ces travaux rémunérés à raison de 4 °/₀?

Page 321, nous lisons :

Art. 1ᵉʳ. Travaux de grosses réparations et d'améliorations intérieures à l'hôtel de la Préfecture.. 10.000 »

Art. 2. Travaux divers d'améliorations à la caserne de gendarmerie de Napoléon..... 306 72

Art. 4. Établissement d'une citerne à la prison des Sables........................ 1.000 »

Art. 5. Restauration et agrandissement de l'hôpital général de Napoléon............ 7.142 74

C'est-à-dire que le Conseil décide qu'il y a lieu de rémunérer à 4 % des travaux dits de *réparation*. L'étude des devis justifierait sa décision ; mais la question n'est pas là ; il ne s'agit pas de savoir s'il a eu tort ou raison, mais seulement s'il avait droit de le faire et s'il la fait en connaissance de cause.

En résumé, on voit le Conseil, qui chaque année examine avec soin la question, arriver à ne plus distinguer que deux catégories de travaux :

Travaux neufs, comprenant les constructions et les réparations ou améliorations importantes ;

Travaux d'entretien, comprenant toutes les réparations n'ayant qu'une importance ordinaire.

En 1868, page 164 du rapport, M. le Préfet écrit :

Art. 7. Honoraires de l'architecte........ 744 28

Ces honoraires sont calculés à raison de 4 °/₀ sur les travaux neufs et de 1 °/₀ sur les travaux d'entretien

Art. 8. Traitement et frais de tournée de l'architecte..................................... 2.300 »

Ce crédit se divise ainsi : Traitement 2.000 fr., frais de tournée, 300 fr. M. Clair a pensé que cette dernière somme ne l'indemnisait pas de ses frais de voyage, il cite notamment les déplacements que lui occasionne la visite des casernes de gendarmerie que le département tient à loyer. Le fait avancé est exact, le Conseil appréciera s'il n'y a pas lieu d'augmenter les frais de tournée.

Que répond ce Conseil, page 119 de son procès-verbal ?

Art. 7. Honoraires de l'architecte sur les travaux crédités au budget ordinaire (s'ils ne sont pas compris dans les évaluations de dépenses.............. 744 28

Art. 8. Traitement de l'architecte du département, y compris frais de tournées................... 2.300 »

« *Nous vous proposons d'adopter ce chiffre de 2.300 fr.,
mais avec cette observation, que votre Commission,
frappée des inconvénients qui résultent d'un défaut de
surveillance dans l'exécution des travaux départementaux qui se font hors du chef-lieu, vous propose de décider qu'à l'avenir il sera accordé à l'architecte 5 °/₀ au
lieu de 4 °/₀, pour les travaux neufs à la charge par cet
architecte de surveiller ou faire surveiller, sous sa responsabilité, l'exécution des travaux départementaux qui
auront lieu sous sa direction dans le département.*

Puisque M. le Préfet insiste sur cette délibération du
Conseil, il est bon de lui donner son véritable sens et de
démontrer qu'il ne l'a pas comprise.

Les observations qui vont suivre ont pour but de dégager
cette vérité.

D'abord, personne n'osera méconnaître que le Conseil
général de 1868, était plus apte que M. le Préfet actuel à
interpréter et à appliquer la décision qu'il rendait.

L'application qu'il en a faite nous en donne le véritable
sens.

A-t-il entendu décider que tout travail qualifié de réparation ne sera rémunéré qu'à raison de 1 °/₀? — C'est ce
que prétend M. de Girardin.

Or, nous mettons sous ses yeux la délibération du Conseil
de 1868 qui dit le contraire.

En effet, le Conseil, art. 7, alloue à l'architecte 744 fr. 28,
qui sont les honoraires calculés à 5 °/₀ sur les articles 1, 2,
3, pages 117-118, et à 1 °/₀ sur les art. 4, 5, 6, pages
118-119.

Les trois derniers articles sont des travaux d'entretien,
d'une certaine importance sans doute, mais constituant des
réparations ordinaires.

Comment sont qualifiés les travaux des art. 1, 2, 3, rémunérés à raison de 5 °/₀?

Réparations au bâtiment de la prison des Sables.

Réparations au bâtiment de l'hôtel de la préfecture.

Achèvement des travaux d'*amélioration* de l'hôpital de Napoléon.

Quoi de plus clair?

On peut même dire qu'à partir de cette époque et en vertu de sa délibération, le Conseil entend prévenir toute difficulté d'interprétation dans le classement des travaux.

Il n'y a plus que deux expressions pour spécifier les deux catégories : — Travaux neufs, 5 %. — Entretien, 1 %.

Et le même jour, dans le même travail, à la même page, le Conseil, qui sait bien ce qu'il veut, rémunère à raison de 5 % des travaux qu'il qualifie de *réparations* et qui, depuis longtemps déjà, étaient par lui classés, compris sous la dénomination générique de travaux neufs (constructions et réparations).

Une observation bien simple confirme encore cette démonstration.

Si, à partir de 1868, l'architecte ne devait plus avoir que 1 % pour les réparations, quelles qu'elles fussent, l'augmentation que le Conseil entendait lui allouer, en portant à 5 % ses honoraires, jusque-là de 4 %, eût été dérisoire, et, loin de constituer un avantage, eût été une diminution réelle.

Je demandais une augmentation parce que mes frais de tournées, fixés à 300 fr., étaient inférieurs à mes dépenses réelles, dès lors que j'étais obligé de visiter les casernes que le département tenait à loyer, et aussi les bâtiments départementaux hors du chef-lieu. Le Conseil, se préoccupant surtout de la nécessité de visiter ces derniers bâtiments et d'y surveiller les travaux, porte de 4 % à 5 mes honoraires sur les travaux neufs, entendus dans ce sens que dans cette même délibération il donne à cette expression *construction et réparation.*

Et les Préfets qui, jusqu'à M. de Girardin, auront à faire application de cette décision, n'abuseront pas des mots *travaux neufs,* et sans leur donner le sens étroit dont a besoin M. de Girardin, l'interprèteront comme les ont inter prétés ceux mêmes de qui ils émanent.

Et chaque année, le Préfet de la Vendée proposera 5 %, sur les travaux de réparation, et le Conseil ne cessera pas de voter ces 5 %, auxquels a droit l'architecte,

Vous le voyez, je n'entends pas demander l'interprétation de la délibération de 1868 à un préfet ou à un Conseil étranger à cette délibération et qui, à distance, aurait pu la comprendre mal, et imprudemment se montrer trop généreux vis-à-vis de moi ; c'est aux auteurs mêmes de cette décision, au Préfet qui l'a provoquée, au Conseil qui l'a rendue, que je m'adresse.

Cependant, il est de mon droit de rappeler au moins quelques-unes des applications toujours conformes qui en ont été faites les années suivantes.

En 1869, le Préfet dit :

Art. 6. Honoraires de l'architecte.......... 894.07

Ces honoraires sont calculés à raison de 5 %, pour les travaux neufs, et de 1 %, seulement sur les travaux d'entretien, conformément aux fixations que vous en avez arrêtées l'année dernière, page 119 du procès-verbal imprimé de vos délibérations.

Il vise la décision de l'année précédente, celle que vise M. de Girardin;

Et le Conseil, sur les *réparations* des articles 1 et 2, alloue les 5 %, comme il l'avait fait l'année précédente,

Pour tout homme de bonne foi qui veut la vérité sur la question résolue si rapidement par M. de Girardin contre l'architecte qu'il a révoqué, le débat se pose ainsi :

Qui est plus apte à donner le vrai sens de la délibération de 1868 ? — Est-ce le Conseil général de 1868, est-ce le

Préfet de cette époque — ou au contraire est-ce le Préfet de 1878 ?

Je pense qu'il y aurait témérité de la part de l'administration à engager la lutte sur cette question. Avoir la prétention de faire admettre que le Préfet et le Conseil de 1868 n'ont pas compris ce que l'un avait proposé, ce que l'autre avait décidé, ce que tous les deux ont appliqué, exécuté, — c'est puéril.

Du reste, il ne faudrait pas croire que c'est seulement en 1868 et 1869 que le Conseil général a donné à son œuvre l'interprétation que repousse M. de Girardin.

Les Préfets de la République sont peut-être ceux qui se sont expliqués le plus clairement.

Que dit, en 1872, M. le préfet Gauja, page 193 de son rapport ?

Art. 5. Honoraires de l'architecte *179 75*
Ses honoraires sont calculés à raison de 5 % sur les travaux neufs *et de* grosses réparations, *et de 1 % sur les travaux de simple entretien.*

Mais à quoi bon multiplier les citations, puisqu'il est certain que tous les préfets du département, tous les conseillers généraux, sans exception, se sont prononcés sur la question dans ce sens, et ont proposé ou voté les 5 % pour les grosses réparations depuis 1868.

Ces faits posés, il faut conclure. — M. le Préfet connaît tous ces détails ; il les connaît par lui-même, puisqu'il vise ces documents ; il pouvait les connaître par quelques-uns des employés qui l'assistent dans son œuvre.

Comment peut-il alors maintenir que j'ai réclamé et touché indûment 3.104 fr. 65 d'honoraires de 1868 à 1876?

Qui ne sait à la préfecture combien depuis 23 ans je me suis montré généreux au point de vue des honoraires auxquels j'avais droit, sur les achats et l'entretien des

mobiliers de la préfecture, des sous-préfectures, des tribunaux et de la Cour d'assiess et que j'ai toujours abandonnés?

Et sans respect pour l'intelligence et l'honnêteté des
préfets qui l'ont précédé, écartant comme des actes incons-
cients les votes du Conseil général qui se produisaient
chaque année, et quelquefois avec des détails qui prouvent
le soin minutieux apporté à l'étude de la question, M. de
Girardin peut-il encore essayer de justifier la *mesure politique* dont j'ai été la victime, et que n'ont pu détourner de
ma tête, ni mes longs services, ni mon honorabilité incon-
testable, ni les marques de sympathie, ni les protestations
qui, avant comme après ma disgrâce, en adoucissent
l'amertume.

M. le Préfet a eu tort de me refuser toute instruction
contradictoire, il a eu tort d'introduire dans sa commission d'enquête l'architecte qui convoitait ma place et qui
dans une expertise judiciaire récente qui m'intéressait a
donné la mesure de sa valeur sinon de ses bonnes dispositions à mon égard.

Je veux admettre que M. le Préfet a été trompé par son
entourage, sa conscience désormais éclairée ne saurait
repousser ma justification ni les moyens que je sollicite
pour que la lumière se fasse.

A lui de voir s'il n'y a pas quelque dignité à reconnaître
et à réparer une erreur !

Si la politique ne le permet pas, votre situation Messieurs
les Conseillers, qui vous élève au-dessus des passions qui
inspirent sans les justifier les révocations comme la mienne
vous ferait alors un devoir de vous prononcer et j'ose
attendre de vous la réparation qui m'est due.

Roche-sur-Yon, 20 avril 1879.

V. CLAIR,
Ex-architecte du département de la Vendée.

Nantes. — Imp. Vincent Forest et Émile Grimaud, place du Commerce, 4.

www.ingramcontent.com/pod-product-compliance
Ingram Content Group UK Ltd.
Pitfield, Milton Keynes, MK11 3LW, UK
UKHW031738170726
13836UKWH00002B/730